STRUM & SING
50 Children's Songs

Cover art by Levin Pfeufer

Cherry Lane Music Company
Director of Publications/Project Editor: Mark Phillips

ISBN 1-57560-827-8

Copyright © 2005 Cherry Lane Music Company
International Copyright Secured   All Rights Reserved

The music, text, design and graphics in this publication are protected by copyright law. Any duplication or transmission, by any means, electronic, mechanical, photocopying, recording or otherwise, is an infringement of copyright.

Visit our website at www.cherrylane.com

Contents

- 4 **Alouette**
- 5 **Alphabet Song**
- 6 **And the Green Grass Grows All Around**
- 7 **Baa Baa Black Sheep**
- 8 **The Bear Went over the Mountain**
- 9 **Billy Boy**
- 10 **Bingo**
- 11 **The Blue Tail Fly (Jimmy Crack Corn)**
- 12 **(Oh, My Darling) Clementine**
- 13 **Do Your Ears Hang Low?**
- 14 **Eensy Weensy Spider**
- 15 **The Farmer in the Dell**
- 18 **Frère Jacques (Are You Sleeping?)**
- 19 **Home on the Range**
- 20 **If You're Happy and You Know It**
- 21 **It's Raining, It's Pouring**
- 22 **I've Been Working on the Railroad**
- 23 **John Jacob Jingleheimer Schmidt**
- 24 **Kum-Bah-Yah**
- 25 **London Bridge**
- 26 **Lullaby (Cradle Song)**
- 27 **The Man on the Flying Trapeze**
- 28 **Merrily We Roll Along**
- 29 **Michael Finnegan**

30	Michael Row the Boat Ashore
31	The Muffin Man
32	My Bonnie Lies over the Ocean
33	Oh Where, Oh Where Has My Little Dog Gone
34	Oh! Susanna
35	The Old Gray Mare
36	Old MacDonald Had a Farm
38	Old King Cole
39	On Top of Old Smoky
40	Over the River and Through the Woods
41	Pop Goes the Weasel
42	Rock-A-Bye, Baby
43	Row, Row, Row Your Boat
44	She'll Be Comin' 'Round the Mountain
45	Sing a Song of Sixpence
46	Skip to My Lou
47	Sweet Betsy from Pike
48	Take Me Out to the Ball Game
49	Ten Little Indians
50	There Was an Old Woman Who Lived in a Shoe
51	There's a Hole in the Bucket
52	This Old Man
53	Three Blind Mice
54	Twinkle, Twinkle Little Star
55	When Johnny Comes Marching Home
56	Yankee Doodle

Alouette

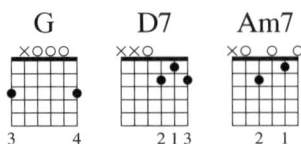

Verse

```
      G      |D7        G      |
   Alouette, gentille alou - ette,

      G     |Am7       G       |
   Alouette, je te plume - rai.

      G              |D7        G        |
   Je te plumerai la tête, Je te plume - rai la tête,

   D7            |              |             |
   Et la tête, et la tête, et la tête, et la tête, O!

      G      |D7        G      |
   Alouette, gentille alou - ette,

      G     |D7        G      ||
   Alouette, je te plume - rai.
```

This Arrangement © 2005 Cherry Lane Music Company
International Copyright Secured All Rights Reserved

Alphabet Song

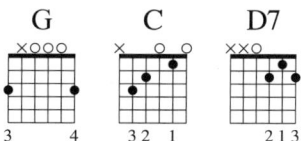

Chorus

G	|C G	
A B C D E F G		

D7 G	D7 G	
H I J K L M N O P		

G D7	G D7	
Q R S and T U V		

G D7	G D7	
Double-U and X Y Z		

G	|C G	
Now you've heard my A B C's;		

D7 G	D7 G ||
Tell me what you think of me.		

This Arrangement © 2005 Cherry Lane Music Company
International Copyright Secured All Rights Reserved

And the Green Grass Grows All Around

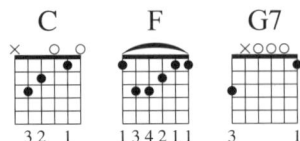

Verse 1

|C |F   C
Oh, in the woods there was a tree,

|C |F   C
The prettiest little tree that you ever did see.

|G7
And the tree was in the ground,

|C   G7 |C   F
And the green grass grows all a-round, all a-round,

|C   G7 |C
And the green grass grows all a-round.

Verses 2-6

||C |F   C
And, on this { tree / limb / branch / twig / leaf } there was a { limb, / branch, / twig, / leaf, / bird, }

|C |F   C
The prettiest little { limb, / branch, / twig, / leaf, / bird, } that you ever did see. *(Skip to appropriate number.)*

|G7
{ 2. And the tree was in the ground,
3. And the branch was in the tree,
4. And the twig was on the branch,
5. And the leaf was on the twig,
6. And the bird was on the leaf, }

Repeat as needed, singing verses in descending order.

|C   G7 |C   F
And the green grass grows all a-round, all a-round,

|C   G7 |C ||
And the green grass grows all a-round.

This Arrangement © 2005 Cherry Lane Music Company
International Copyright Secured All Rights Reserved

Baa Baa Black Sheep

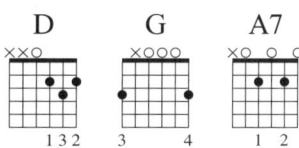

Verse

    D | **|G**   **|D** |
Baa, baa, black sheep, have you any wool?

A7   **|D**   **| A7**   **|D** |
Yes sir, Yes sir, three bags full.

D | **|G**   **|D** |
One for my master and one for my dame,

  |A7   **|D**   **|A7**   **|D** ||
But none for the little boy that cries in the lane.

AND ONE FOR THE LITTLE BOY WHO LIVES DOWN MY LANE

The Bear Went over the Mountain

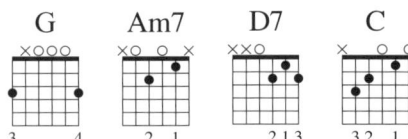

Verse 1
|G |Am7 |G
The bear went over the moun - tain,
|D7 |G |
The bear went over the moun - tain,
|G |C |
The bear went over the moun - tain
|G |D7 |G |
To see what he could see.

Verse 2
||G |Am7 |G
He saw an - other moun - tain,
|D7 |G |
He saw an - other moun - tain,
|G |C |
He saw an - other moun - tain
|G |D7 |G | ||
And that's what he could see.

This Arrangement © 2005 Cherry Lane Music Company
International Copyright Secured All Rights Reserved

Billy Boy

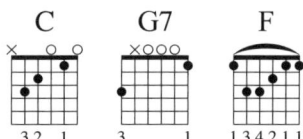

Verse 1
```
       |C            |            |            |
        Oh where have you been, Billy Boy, Billy Boy,
       |C            |           |G7          |
        Oh where have you been, charming Billy?
       |G7           |            |C          |
        I have been to seek a wife; she's the joy of my life.
       F   |C        |G7          |    |C
        She's a young thing and cannot leave her moth - er.
```

Verse 2
```
       ||C           |            |            |
        Did she bid you come in, Billy Boy, Billy Boy,
       |C            |           |G7          |
        Did she bid you come in, charming Billy?
       |G7           |            |C          |
        Yes, she bade me to come in, let me kiss her on the chin.
       F   |C        |G7          |    |C
        She's a young thing and cannot leave her moth - er.
```

Verse 3
```
       ||C           |            |            |
        Did she set for you a chair, Billy Boy, Billy Boy,
       |C            |           |G7          |
        Did she set for you a chair, charming Billy?
       |G7           |            |C          |
        Yes, she set for me a chair, and the bottom wasn't there.
       F   |C        |G7          |    |C         ||
        She's a young thing and cannot leave her moth - er.
```

This Arrangement © 2005 Cherry Lane Music Company
International Copyright Secured All Rights Reserved

Bingo

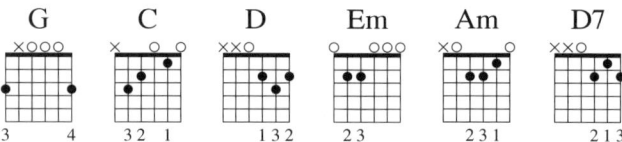

Verses 1-6

|G |C   D |G   D |G |
There was a farmer had a dog and Bingo was his name - o.

|Em |Am |D |G |C |Am |
{ B-I-N-G-O, B-I-N-G-O, B-I-N-G-O
  _-I-N-G-O, _-I-N-G-O, _-I-N-G-O
  _ _-N-G-O, _ _-N-G-O, _ _-N-G-O,
  _ _ _-G-O, _ _ _-G-O, _ _ _-G-O,
  _ _ _ _-O, _ _ _ _-O, _ _ _ _-O,
  _ _ _ _ _, _ _ _ _ _, _ _ _ _ _, }

Substitute handclaps for letters replaced by dashes.

|D7 |G ||
And Bingo was his name - o.

This Arrangement © 2005 Cherry Lane Music Company
International Copyright Secured All Rights Reserved

The Blue Tail Fly (Jimmy Crack Corn)

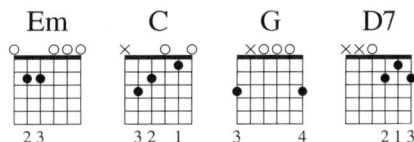

Verse 1
|Em |C |G |D7
When I was young I used to wait on Master and hand him his plate,
|Em |C |D7 |G ||
And pass the bottle when he got dry, and brush away the blue tail fly!

Chorus
G |D7 | |G |
Jimmy crack corn, and I don't care. Jimmy crack corn, and I don't care.
G |C |D7 |G
Jimmy crack corn, and I don't care. My Master's gone a-way.

Verse 2
||Em |C |G |D7
And when he'd ride in the afternoon, I'd follow after with a hickory broom;
|Em |C |D7 |G ||
The pony being very shy, when bitten by the blue tail fly!

Repeat Chorus

Verse 3
||Em |C |G |D7
One day while riding round the farm, the flies so numerous they did swarm;
|Em |C |D7 |G ||
One changed to bite him on the thigh, the devil take the bluetail fly!

Repeat Chorus

This Arrangement © 2005 Cherry Lane Music Company
International Copyright Secured All Rights Reserved

(Oh, My Darling) Clementine

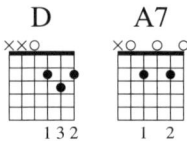

Verse 1
|D | | |A7
In a cavern, in a canyon, exca - vating for a mine.
        | |D |A7 |D
Lived a miner, forty - niner, and his daughter Clemen - tine.

Chorus
||D | | |A7
Oh my darling, oh my darling, oh my darling Clemen - tine!
     | |D |A7 |D
You are lost and gone for - ever, dreadful sorry, Clemen - tine!

Verse 2
||D | | |A7
Light she was and, like a fairy, and her shoes were number nine.
     | |D |A7 |D
Herring boxes without topses, sandals were for Clemen - tine.

Repeat Chorus

Verse 3
|D | | |A7
Drove she ducklings to the water, every morning just at nine.
    | |D |A7 |D
Stubbed her toe upon a splinter, fell in - to the foaming brine.

Repeat Chorus

Do Your Ears Hang Low?

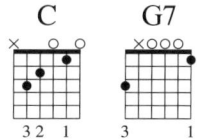

Verse

|C
Do your ears hang low,

|C
Do they wobble to and fro?

|C
Can you tie them in a knot,

|G7
Can you tie them in a bow?

|C
Can you throw them o'er your shoulder

|C
Like a continental soldier?

|C |G7 |C ||
Do your ears   hang   low?

Eensy Weensy Spider

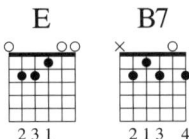

Verse

      E | |B7 |E |
Eensy weensy spider went up the water spout.

      E | |B7 |E |
Down came the rain and washed the spider out.

      E | |B7 |E
Out came the sun and dried up all the rain,

         |E | |B7 |E ||
And the eeensy, weensy spider went up the spout a - gain.

The Farmer in the Dell

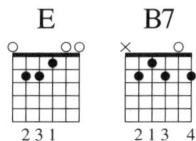

Verse 1
|E |
The farmer in the dell,

|E | |
The farmer in the dell,

E |
Heigh - ho the derry O!

|B7 |E ||
The farmer in the dell.

Verse 2
|E |
The farmer takes a wife,

|E | |
The farmer takes a wife,

E |
Heigh - ho the derry O!

|B7 |E ||
The farmer takes a wife.

Verse 3
|E |
The wife takes the child,

|E | |
The wife takes the child,

E |
Heigh - ho the derry O!

|B7 |E ||
The wife takes the child.

The Farmer in the Dell

This Arrangement © 2005 Cherry Lane Music Company
International Copyright Secured All Rights Reserved

Verse 4

|E |
The child takes the nurse,

|E | |
The child takes the nurse,

E |
Heigh - ho the derry O!

|B7 |E ||
The child takes the nurse.

Verse 5

|E |
The nurse takes the dog,

|E | |
The nurse takes the dog,

E |
Heigh - ho the derry O!

|B7 |E ||
The nurse takes the dog.

Verse 6

|E |
The dog takes the cat,

|E | |
The dog takes the cat,

E |
Heigh - ho the derry O!

|B7 |E ||
The dog takes the cat.

Verse 7

|E |
The cat takes the rat,

|E | |
The cat takes the rat,

E |
Heigh - ho the derry O!

|B7 |E ||
The cat takes the rat.

Verse 8

    |**E** |
The rat takes the cheese,

    |**E** | |
The rat takes the cheese,

E |
Heigh - ho the derry O!

    |**B7** |**E** ||
The rat takes the cheese.

Verse 9

    |**E** |
The cheese stands alone,

    |**E** | |
The cheese stands alone,

E |
Heigh - ho the derry O!

    |**B7** |**E** ||
The cheese stands alone.

Frère Jacques (Are You Sleeping?)

D

Verse 1
D | |
Frère Jacques, Frère Jacques,

D | |
Dormez vous,   dormez vous?

D | |
Sonnez les matines, sonnez les matines.

D | ||
Ding, ding, dong.   Ding, ding, dong.

Verse 2
D | |
Are you sleeping, are you sleeping,

D | |
Brother John,   brother John?

D | |
Morning bells are ringing, morning bells are ringing.

D | ||
Ding, ding, dong.   Ding, ding, dong.

This Arrangement © 2005 Cherry Lane Music Company
International Copyright Secured All Rights Reserved

Home on the Range

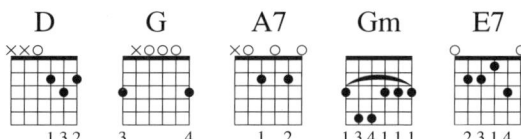

Verse 1

|D |G
Oh, give me a home where the buffalo roam,

|D |A7
Where the deer and the antelope play;

|D |G   Gm
Where seldom is heard a dis - couraging word,

|D   A7 |D ||
And the skies are not cloudy all day.

Chorus

D   A7 |D
Home, home on the range,

|D   E7 |A7
Where the deer and the antelope play;

|D |G   Gm
Where seldom is heard a dis - couraging word,

|D   A7 |D
And the skies are not cloudy all day.

Verse 2

|D |G
How often at night when the heavens are bright,

|D |A7
From the light of the glittering stars,

|D |G   Gm
Have I stood there, amazed and asked as I gazed,

|D   A7 |D ||
If their glory ex - ceeds that of ours.

Repeat Chorus

If You're Happy and You Know It

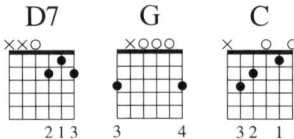

Verse 1
    D7 |**G** |**D7**
If you're happy and you know it, clap your hands.
        |**D7** |**G**
If you're happy and you know it, clap your hands.
       |**C** |**G**
If you're happy and you know it, then your face will surely show it.
      |**D7** |**G**
If you're happy and you know it, clap your hands.

Verse 2
    D7 ||**G** |**D7**
If you're happy and you know it, stamp your foot.
      |**D7** |**G**
If you're happy and you know it, stamp your foot.
     |**C** |**G**
If you're happy and you know it, then your face will surely show it.
    |**D7** |**G**
If you're happy and you know it, stamp your foot.

Verse 3
    D7 ||**G** |**D7**
If you're happy and you know it, nod your head.
     |**D7** |**G**
If you're happy and you know it, nod your head.
    |**C** |**G**
If you're happy and you know it, then your face will surely show it.
    |**D7** |**G** ||
If you're happy and you know it, nod your head.

This Arrangement © 2005 Cherry Lane Music Company
International Copyright Secured All Rights Reserved

It's Raining, It's Pouring

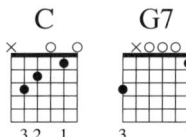

Verse

|C | | | |
It's rain-ing, it's pour-ing,

|C | | | |
The old man is snor-ing.

|G7 | | | |
He went to bed and he bumped his head

|G7 | |C | ||
And he could not get up in the morn-ing.

I've Been Working on the Railroad

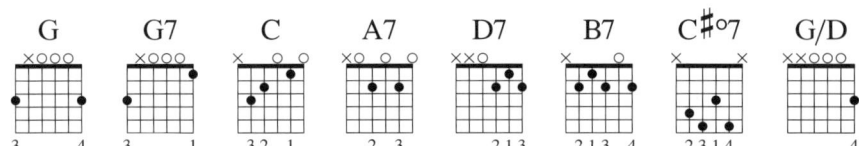

Verse

```
         G                            | G7    | C                 | G           |
         I've been working on the rail - road,  all the live - long day;
         G                            |       | A7                | D7          |
         I've been working on the railroad, just to pass the time a - way.
         D7                           | G     | C                 | B7          |
         Can't you hear the whistle blowin'?  Rise up so early in the morn.
         C                            | G     |              D7   | G           ||
         Can't you hear the captain shoutin'  "Dinah, blow your horn!"
```

Bridge

```
         G                            | C          A7             |
         Dinah won't you blow,    Dinah won't you blow,
         D7                           | G    D7    G              |
         Dinah won't you blow your horn?
         G                            | C          A7             |
         Dinah won't you blow,    Dinah won't you blow,
         D7                           | G                         ||
         Dinah won't you blow your horn?
```

Chorus

```
         G                            |           |               | D7   Am D7|
         Someone's in the kitchen with Dinah,   someone's in the kitchen I know.
         G                            | C    C#°7 | G/D      D7   | G         |
         Someone's in the kitchen with Din - ah,     strummin' on the old ban - jo
         D7        | G                 |                           | D7   Am D7|
         And singin', "Fee,  fi,  fiddle - ee - i - o,    Fee, fi, fiddle - ee - i - o,
         G         | C                 | G/D         D7   | G                  ||
         Fee,  fi,  fiddle - ee - i - o,"   strummin' on the old ban - jo.
```

This Arrangement © 2005 Cherry Lane Music Company
International Copyright Secured   All Rights Reserved

John Jacob Jingleheimer Schmidt

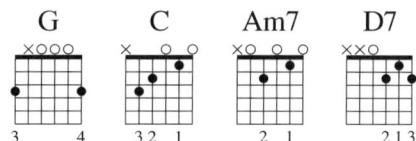

Verse

     G |**C**
John   Jacob Jinglehiemer Schmidt,

Am7   **D7** |**G**
His name is my name too.

  |**G** |**C**
When - ever we go out and people always shout,

D7 |**G**   **N.C.**
"John Jacob Jingleheimer Schmidt." Dah dah dah dah dah dah dah.

(Repeat Verse as desired)

Kum-Bah-Yah

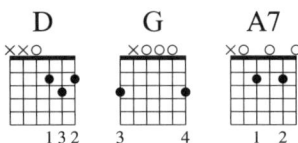

Verse 1

         |D   G |D
Kum - bah - yah, my Lord,   Kum - bah - yah,

         |D   G   D |A7
Kum - bah - yah, my Lord,   Kum - bah - yah,

D | G |D
Kum - bah - yah, my Lord,   Kum - bah - yah,

A7 |D   A7 |D
Oh, Lord,   Kum - bah - yah.

Verse 2

        ||D   G |D
Someone's prayin', Lord,   Kum - bah - yah,

        |D   G   D |A7
Someone's prayin', Lord,   Kum - bah - yah,

D | G |D
Someone's prayin', Lord,   Kum - bah - yah,

A7 |D   A7 |D
Oh, Lord,   Kum - bah - yah.

Verse 3

        ||D   G |D
Someone's singin', Lord,   Kum - bah - yah,

        |D   G   D |A7
Someone's singin', Lord,   Kum - bah - yah,

D | G |D
Someone's singin', Lord,   Kum - bah - yah,

A7 |D   A7 |D ||
Oh, Lord,   Kum - bah - yah.

This Arrangement © 2005 Cherry Lane Music Company
International Copyright Secured All Rights Reserved

London Bridge

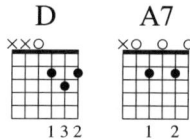

Verse 1
    | **D** | **A7** | **D** |
London Bridge is falling down,   falling down,   falling down.
    | **D** | **A7** | **D** ||
London Bridge is falling down,   my   fair   lady.

Verse 2
    | **D** | **A7** | **D** |
Take the key and lock her up,   lock her up,   lock her up.
    | **D** | **A7** | **D** ||
Take the key and lock her up, my fair   lady.

Verse 3
    | **D** | **A7** | **D** |
Build it up with silver and gold,   silver and gold,   silver and gold.
    | **D** | **A7** | **D** ||
Build it up with silver and gold,   my   fair   lady.

This Arrangement © 2005 Cherry Lane Music Company
International Copyright Secured All Rights Reserved

Lullaby (Cradle Song)

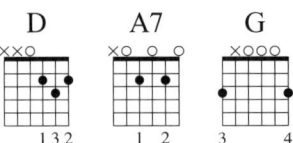

Verse

|D | | |A7
Lulla - by and good - night   with roses be - dight,

|A7 | |D
With lilies o'er   spread   by baby's wee bed;

|G |D
Lay thee down   now and rest,

|A7 |D
May thy slumbers be blest,

|G |D
Lay thee down   now and rest,

|A7 |D ||
May thy slumbers be blest.

The Man on the Flying Trapeze

Words and Music by
George Leybource

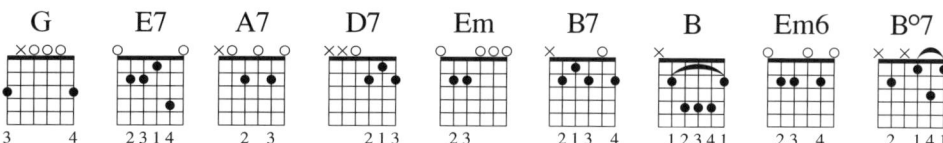

Verse

|G |E7 |A7 |
Oh, once I was happy, but now I'm for-lorn,
|D7 |G | |
Just like an old coat that is tattered and torn.
|G |E7 |A7 |
Left in this wide world to fret and to mourn,
|D7 |G |
Be-trayed by a maid in her teens.
|Em |B7 |Em |
Now this girl that I loved, she was handsome,
|Em |B7 |Em |
And I tried all I knew her to please.
|Em |B7 |Em |
But I never could please her one quarter so well
|B |Em6 B°7 |B7 |
As the man on the flying trap - eze.
|D7 |G |E7 |A7 |
Oh! He'd float through the air with the greatest of ease,
|D7 |G |
This daring young man on the flying trap - eze.
|G |E7 |A7 |
His movements are graceful, all girls he does please,
|D7 |G | ||
And my love he has purloined a - way.

This Arrangement © 2005 Cherry Lane Music Company
International Copyright Secured All Rights Reserved

Merrily We Roll Along

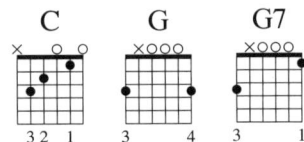

Verse

C
Merrily we roll along,

G   **C**
Roll along,   roll along.

C
Merrily we roll along,

G7   **C**
O'er the deep blue sea.

Michael Finnegan

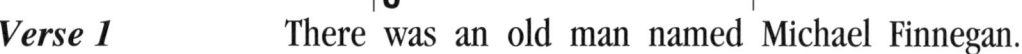

Verse 1

|C
There was an old man named Michael Finnegan.

Dm |G
He had whiskers on his chinnegan.

C
He cut 'em off but they grew in again.

Dm   **G** |**C**
Poor old Michael Finnegan.   *Be - gin again.*

Verse 2

||C
There was an old man named Michael Finnegan.

Dm |G
He went fishing with a pin again.

C
Caught a fish but it flopped back in again.

Dm   **G** |**C**
Poor old Michael Finnegan.   *Be - gin again.*

Verse 3

||C
There was an old man named Michael Finnegan.

Dm |G
Ran a race and tried to win again.

C
He fell down and bumped his shin again.

Dm   **G** |**Em**   **A**
Poor old Michael, Poor old Michael,

Dm   **G** |**C**
Poor old Michael Finnegan.   *Don't Be - gin again.*

This Arrangement © 2005 Cherry Lane Music Company
International Copyright Secured All Rights Reserved

Michael Row the Boat Ashore

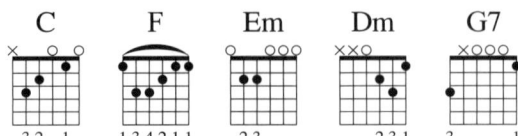

Verse 1
```
     |C              |       |F       |C
     Michael, row the boat a-shore, Alle-lu  -  ia,
        |Em          |Dm      |C  G7  |C
     Michael, row the boat a-shore, Alle-lu  -  ia.
```

Verse 2
```
     ||C             |       |F       |C
     Sister, help to trim the sail, Alle-lu  -  ia,
        |Em          |Dm      |C  G7  |C
     Sister, help to trim the sail, Alle-lu  -  ia.
```

Verse 3
```
     ||C             |       |F       |C
     Michael's boat is a gospel boat, Alle-lu  -  ia,
        |Em          |Dm      |C  G7  |C
     Michael's boat is a gospel boat, Alle-lu  -  ia.
```

Verse 4
```
     ||C             |       |F       |C
     Jordan's River is chilly and cold, Alle-lu  -  ia,
        |Em          |Dm      |C  G7  |C
     Chills the body but warms the soul, Alle-lu  -  ia.
```

Verse 5
```
     ||C             |       |F       |C
     Jordan's River is deep and wide, Alle-lu  -  ia,
        |Em          |Dm      |C  G7  |C          ||
     Meet my mother on the other side, Alle-lu  -  ia.
```

This Arrangement © 2005 Cherry Lane Music Company
International Copyright Secured   All Rights Reserved

The Muffin Man

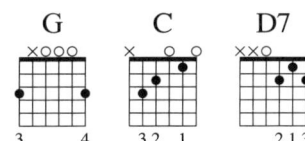

Verse 1
    G | |**C** |**D7** |
Do you know the muffin man, the muffin man, the muffin man?
    G | |**C**   **D7** |**G**
Do you know the muffin man who lives in Drury Lane?

Verse 2
    ||**G** | |**C** |**D7** |
Oh yes, we know the muffin man, the muffin man, the muffin man.
    |**G** | |**C**   **D7** |**G** ||
Oh yes, we know the muffin man who lives in Drury Lane.

This Arrangement © 2005 Cherry Lane Music Company
International Copyright Secured All Rights Reserved

My Bonnie Lies over the Ocean

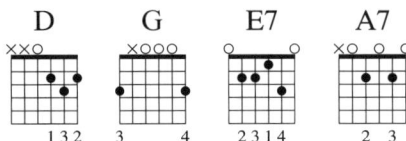

Verse

|D |G |D |
My Bonnie lies over the ocean,

|D |E7 |A7 |
My Bonnie lies over the sea.

|D |G |D |
My Bonnie lies over the ocean,

|G |A7 |D | ||
Oh, bring back my Bonnie to me.

Chorus

D | |G |E7 |
Bring   back,   bring   back,

A7 |D | |
Bring back my Bonnie to me, to me.

D |D7 |G |E7 |
Bring   back,   bring   back,

|A7 |D | ||
Oh, bring back my Bonnie to me.

Oh Where, Oh Where Has My Little Dog Gone?

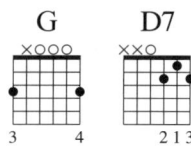

Verse

|G |D7
Oh where, oh where has my little dog gone?

|D7 |G D7
Oh where, oh where can he be?

|G |D7
With his ears cut short and his tail cut long,

|D7 |G ||
Oh where, oh where can he be?

Oh! Susanna

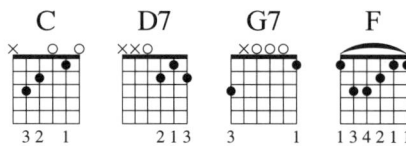

Verse

|C | |D7 |G7
I come from Ala-bama with a banjo on my knee.

|C | |G7 |C
I'm goin' to Lou'si-ana, my Su-sanna for to see.

|C | |D7 |G7
It rained all night the day I left, the weather it was dry.

|C | |G7 |C ||
The sun so hot I froze to death. Su-sanna, don't you cry.

Chorus

F | |C   D7 |G7
Oh, Su-sanna, oh don't you cry for me,

|C | |G7 |C ||
For I come from Ala-bama with a banjo on my knee.

The Old Gray Mare

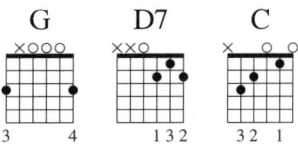

Verse

|G   D7 |G |
Oh, the old gray mare, she ain't what she used to be,

D7 |G
Ain't what she used to be, ain't what she used to be,

|G   D7 |G
The old gray mare, she ain't what she used to be,

D7 |G
Many long years ago.

G   C |G   C |G
Many long years a - go,   many long years a - go.

D7 |G   D7 |G
Oh, the old gray mare, she ain't what she used to be,

D7 |G
Many long years a - go.

Old MacDonald Had a Farm

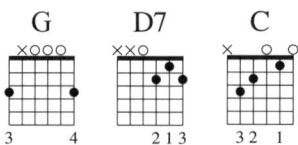

Verse 1

    G |**C** **G** | **D7** |**G**
Old MacDonald had a farm, E - I - E - I - O!

   |**G** |**C** **G** | **D7** |**G**
And on this farm he had a cow, E - I - E - I - O!

   |**G**
With a moo moo here and a moo moo there,

G
Here a moo, there a moo, everywhere a moo moo.

G |**C** **G** | **D7** |**G** ||
Old MacDonald had a farm, E - I - E - I - O!

Verse 2

    G |**C** **G** | **D7** |**G**
Old MacDonald had a farm, E - I - E - I - O!

   |**G** |**C** **G** | **D7** |**G**
And on this farm he had a pig, E - I - E - I - O!

   |**G**
With an oink oink here and an oink oink there,

G
Here an oink, there an oink, everywhere an oink oink.

G |**C** **G** | **D7** |**G** ||
Old MacDonald had a farm, E - I - E - I - O!

This Arrangement © 2005 Cherry Lane Music Company
International Copyright Secured All Rights Reserved

Verse 3

```
        G            |C    G   |    D7  |G
Old MacDonald had a farm,   E - I - E - I - O!
         |G           |C    G   |    D7  |G
And on this farm he had a chick,  E - I - E - I - O!
        |G                  |                      |
With a chick chick here and a chick chick there,
     G                      |                      |
Here a chick, there a chick, everywhere a chick chick.
     G           |C    G   |    D7  |G       ||
Old MacDonald had a farm,   E - I - E - I - O!
```

Verse 4

```
        G            |C    G   |    D7  |G
Old MacDonald had a farm,   E - I - E - I - O!
         |G           |C    G   |    D7  |G
And on this farm he had a duck,   E - I - E - I - O!
        |G                  |                      |
With a quack quack here and a quack quack there,
     G                      |                      |
Here a quack, there a quack, everywhere a quack quack.
     G           |C    G   |    D7  |G       ||
Old MacDonald had a farm,   E - I - E - I - O!
```

Old King Cole

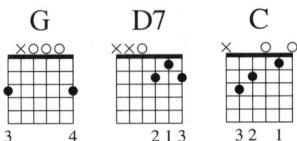

Verse

```
       G         D7     |G         C       |G         D7    |G
Old King Cole was a merry old soul, and a merry old soul was he.

    |G         D7    |G         C
He called for his pipe, and he called for his bowl,

    |G         D7    |G           ||
And he called for his privates three.
```

This Arrangement © 2005 Cherry Lane Music Company
International Copyright Secured All Rights Reserved

On Top of Old Smoky

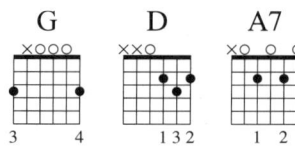

Verse 1
||G | | |D | |
On top of Old Smok - y,   all covered with snow,
| |A7 | | |D | |
I lost my true lov - er,   by a - courtin' too slow.

Verse 2
| ||G | | |D | |
Well a - courting's a pleas - ure,   and parting is grief.
| |A7 | | |D | |
But a false - hearted lov - er,   is worse than a thief.

Verse 3
| ||G | | |D | |
A thief, he will rob   you,   and take all you have.
| |A7 | | |D | |
But a false - hearted lov - er   will send you to your grave.

Verse 4
| ||G | | |D | |
And the grave will de - cay   you   and turn you to dust.
| |A7 | | |D | |
And where is the young   man   a poor girl can trust?

Verse 5
| ||G | | |D | |
They'll hug you and kiss   you   and tell you more lies
| |A7 | | |D | ||
Than the cross - ties on the rail - road   or the stars in the sky.

This Arrangement © 2005 Cherry Lane Music Company
International Copyright Secured All Rights Reserved

Over the River and Through the Woods

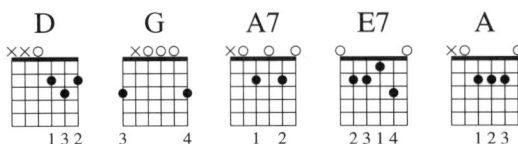

Verse 1

    D |G |D
Over the river and through the woods to grandmother's house we go;
  |A7 |D |E7 |A |
The horse knows the way to carry the sleigh through the white and drifted snow.
 D |G |D
Over the river and through the woods, oh how the wind does blow!
 |G |D   G |D   A7 |D ||
It stings the toes and bites the nose as over the ground we go.

Verse 2

 D |G |D
Over the river and through the woods to have a first rate play;
 |A7 |D |E7 |A |
Oh hear the bells ring, "Ting-a-ling-ling!" Hur-rah for Thanksgiving Day.
 D |G |D
Over the river and through the woods, trot fast, my dapple gray!
 |G |D   G |D   A7 |D ||
Spring over the ground, like a hunting hound! For this is Thanks-giving Day.

This Arrangement © 2005 Cherry Lane Music Company
International Copyright Secured All Rights Reserved

Pop Goes the Weasel

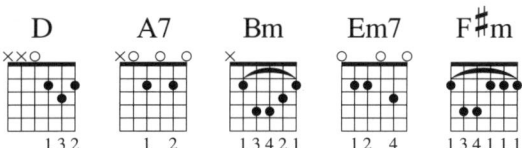

Verse 1

    D   A7 |D | A7 |D
All a-round the cobler's bench the monkey chased the weasel.

   |D   A7 |D   Bm |
The monkey thought 'twas all   in fun.

Em7 A7 |D
Pop! Goes the weasel.

  |Bm G |A   F♯m |Bm G |A   F♯m |
A penny for a spool of thread, a penny for a nee-dle.

G | |
That's the way the money goes.

Em7 A7 |D ||
Pop! Goes the weasel.

Verse 2

    D   A7 |D | A7   D
Rufus has the whooping cough and Sally has the measles,

   |D   A7 |D Bm |
And that's the way the doctor goes.

Em7 A7 |D
Pop! Goes the weasel.

  |Bm G |A   F♯m |Bm G |A   F♯m |
A penny for a spool of thread, a penny for a nee-dle.

G | |
That's the way the money goes.

Em7 A7 |D ||
Pop! Goes the weasel.

This Arrangement © 2005 Cherry Lane Music Company
International Copyright Secured All Rights Reserved

Rock-A-Bye, Baby

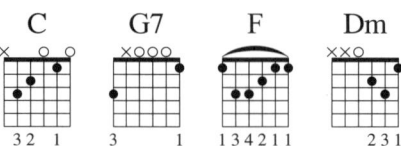

Verse

C | | |**G7** |
Rock - a - bye, baby, on the tree - top,

G7 | |**C** | |
When the wind blows the cradle will rock;

C | | |**G7** |
When the bough breaks the cradle will fall,

|**C** **F** |**C** |**Dm** **G7** |**C** ||
And down will come baby, cradle and all.

Row, Row, Row Your Boat

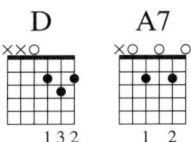

Verse

D | |
Row, row, row your boat,

D | |
Gently down the stream;

D | |
Merrily, merrily, merrily, merrily;

A7 |**D** ||
Life is but a dream.

She'll Be Comin' 'Round the Mountain

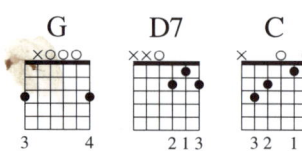

Verse 1

|**G** | | | |
She'll be comin' 'round the mountain when she comes,

|**G** | |**D7** |
She'll be comin' 'round the mountain when she comes,

|**G** |
She'll be comin' 'round the mountain,

|**C** |
She'll be comin' 'round the mountain,

|**G** |**D7** |**G** |
She'll be comin' 'round the mountain when she comes.

Verse 2

||**G** | | | |
She'll be drivin' six white horses when she comes,

|**G** | |**D7** |
She'll be drivin' six white horses when she comes,

|**G** |
She'll be drivin' six white horses,

|**C** |
She'll be drivin' six white horses,

|**G** |**D7** |**G** | ||
She'll be drivin' six white horses when she comes.

This Arrangement © 2005 Cherry Lane Music Company
International Copyright Secured All Rights Reserved

Sing a Song of Sixpence

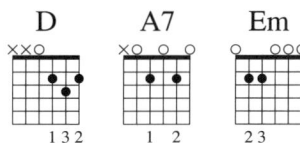

Verse 1

    D   **|A7**
Sing a song of sixpence, a pocket full of rye;

  A7   **|D**
Four and twenty blackbirds baked in a pie.

  D   **|A7**
When the pie was opened, the birds began to sing.

  G   **Em**   **|A7**   **D**
Wasn't that a dainty dish to set before a king?

Verse 2

  ||D   **|A7**
The king was in the counting house, counting out his money.

   |A7   **|D**
The queen was in the parlor, eating bread and honey.

   |D   **|A7**
The maid was in the garden, hanging out the clothes;

  |G   **Em**   **|A7**   **D**   **||**
A - long came a blackbird and pecked off her nose.

Skip to My Lou

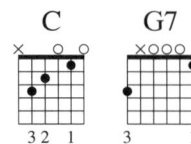

Chorus

    C
Skip, skip, skip to my Lou,

    G7
Skip, skip, skip to my Lou,

    C
Skip, skip, skip to my Lou,

    G7   **|C**
Skip to my Lou, my darlin',

Verse 1

    C
Flies in the buttermilk, shoo, shoo, shoo!

    G7
Flies in the buttermilk, shoo, shoo, shoo!

    C
Flies in the buttermilk, shoo, shoo, shoo!

    G7   **|C**
Skip to my Lou, my darlin'.

Repeat Chorus

Verse 2

    C
Lost my partner, what'll I do?

    G7
Lost my partner, what'll I do?

    C
Lost my partner, what'll I do?

    G7   **|C**
Skip to my Lou, my darlin'.

This Arrangement © 2005 Cherry Lane Music Company
International Copyright Secured All Rights Reserved

Sweet Betsy from Pike

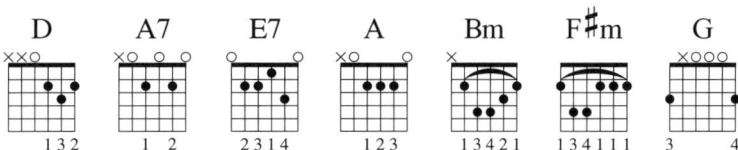

Verse 1

|D 　　　A7 　　　|D
Oh, don't you re - member sweet Betsy from Pike,
|D 　　　E7 　　　|A
Who crossed the big mountains with her lover Ike,
|Bm 　　F#m 　|G 　　　D
With two yoke of cattle, a large yellow dog,
|D 　　　A7 　　　|D
A tall Shanghai rooster, and one spotted hog.

Chorus

||D 　　　A7 　　　|D
Saying, goodbye, Pike County, fare - well for a while,
|D 　　　A7 　　　　|D
We'll come back a - gain when we've panned out our pile.

Verse 2

||D 　　　A7 　　　|D
One evening quite early they camped on the Platte.
|D 　　　E7 　　　|A
'Twas near by the road on a green shady flat,
|Bm 　　F#m 　|G 　　　D
Where Betsy, sore - footed, lay down to re - pose.
|D 　　　A7 　　　|D
With wonder, Ike Gazed on that Pike County rose.

Repeat Chorus

This Arrangement © 2005 Cherry Lane Music Company
International Copyright Secured All Rights Reserved

Take Me Out to the Ball Game

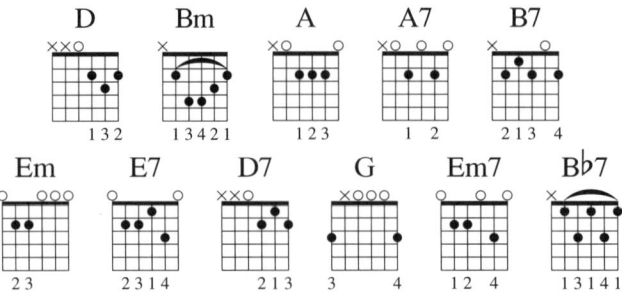

Verse

    D |**Bm** |**A** | |
Take   me out to the ball   game,

    D |**Bm** |**A7** | |
Take   me out with the crowd.

B7 | |**Em** | |
Buy me some peanuts and cracker - jack;

E7 | |**A7** |
I   don't care if I never get back.

   |**D** |**Bm** |**A7** |
Let me root,   root, root for the home   team;

   |**D7** | |**G** |
If they   don't win it's a shame.

   |**Em7** |**B♭7** |**D** |**B7**
For it's one,   two,   three strikes you're out

   |**E7** |**A7** |**D** | ||
At the   old   ball - game.

This Arrangement © 2005 Cherry Lane Music Company
International Copyright Secured All Rights Reserved

Ten Little Indians

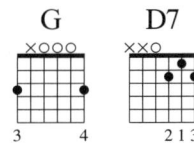

Verse 1

G
One little, two little, three little Indians,

D7
Four little, five little, six little Indians,

G
Seven little, eight little, nine little Indians,

D7 |**G**
Ten little Indian boys.

Verse 2

G
Ten little, nine little, eight little Indians,

D7
Seven little, six little, five little Indians,

G
Four little, three little, two little Indians,

D7 |**G**
One little Indian boy.

This Arrangement © 2005 Cherry Lane Music Company
International Copyright Secured All Rights Reserved

There Was an Old Woman Who Lived in a Shoe

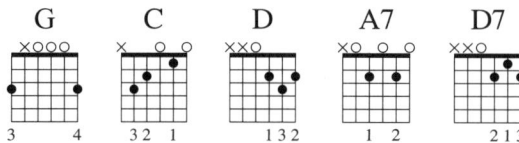

Verse

|G   C |G   D
There was an old woman who lived in a shoe;

|A7   D |A7   D
She had so many children, she didn't know what to do.

|G   D |G   D
She gave them some broth with-out any bread;

|G   C |D7   G ||
She whipped them all soundly and put them to bed.

This Arrangement © 2005 Cherry Lane Music Company
International Copyright Secured All Rights Reserved

There's a Hole in the Bucket

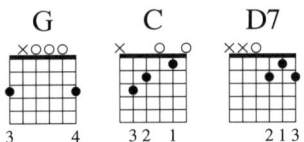

Verse 1

       |G |C
There's a hole in the bucket,

G |C   G |C
Dear Liza, dear Liza,

       |G |C
There's a hole in the bucket,

G |C   D7|G
Dear Liza, a hole.

Verse 2

      ||G |C
Then fix it, dear Henry,

G |C   G |C
Dear Henry, dear Henry,

     |G |C
Then fix it, dear Henry,

G |C   D7|G ||
Dear Henry, fix it.

This Arrangement © 2005 Cherry Lane Music Company
International Copyright Secured All Rights Reserved

This Old Man

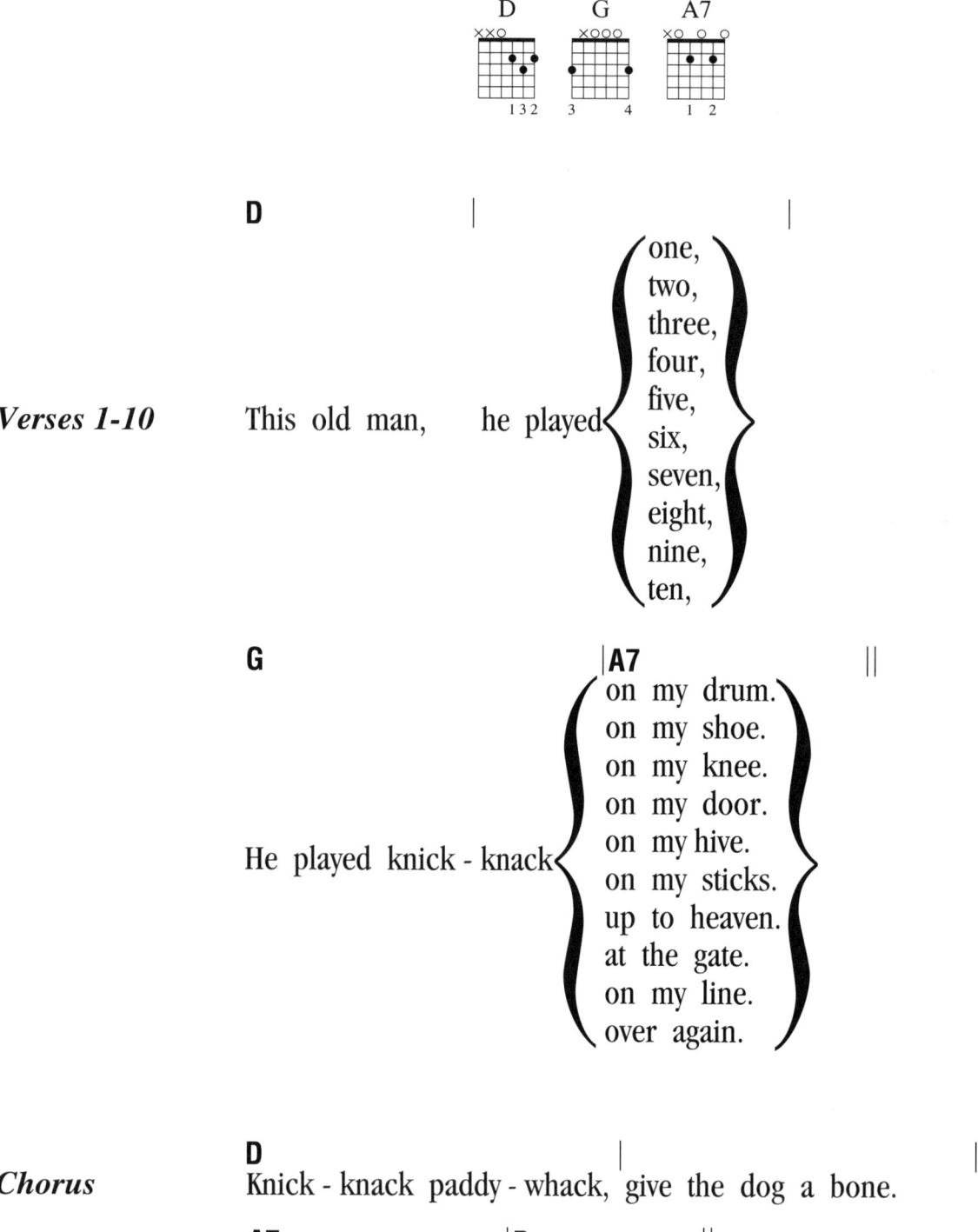

Verses 1-10

D
This old man, he played { one, two, three, four, five, six, seven, eight, nine, ten, }

G   **A7**
He played knick-knack { on my drum. / on my shoe. / on my knee. / on my door. / on my hive. / on my sticks. / up to heaven. / at the gate. / on my line. / over again. }

Chorus

D
Knick-knack paddy-whack, give the dog a bone.
A7   **D**
This old man came rolling home.

Repeat Chorus after each Verse

Three Blind Mice

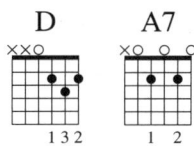

Verse

    D   **A7** |**D** |
Three blind mice,

    D   **A7** |**D** |
Three blind mice,

  D **A7** |**D** |
See how they run!

  D **A7** |**D**
See how they run!

     |**D**   **A7** |**D**
They all ran after the farmer's wife,

    |**D**   **A7** |**D**
Who cut off their tails with a carving knife.

    |**D**   **A7** |**D** |
Did you ever see such a sight in your life as

 D   **A7** |**D** ||
Three blind mice?

Twinkle, Twinkle Little Star

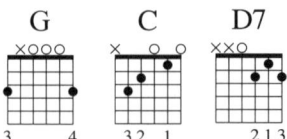

Verse

G |**C   G** |
Twinkle, twinkle, little star;

C   G |**D7   G** |
How I wonder what you are.

G   D7 |**G   D7** |
Up a-bove the world so high,

G   D7 |**G   D7** |
Like a diamond in the sky!

G |**C   G** |
Twinkle, twinkle, little star,

C   G |**D7   G** ||
How I wonder what you are.

When Johnny Comes Marching Home

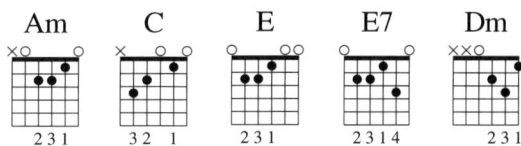

Verse

|Am |C
When Johnny comes marching home again, hur - rah!   Hur - rah!

|Am |C |E
We'll give him a hearty welcome then, hur - rah!   Hur - rah!

|C |E7
Oh, the men will cheer and the boys will shout.

|Am |E7
The ladies, they will all turn out,

|Am E7 |Am E |Am   Dm   E |Am ||
And we'll all feel gay when   Johnny comes march - ing home.

Yankee Doodle

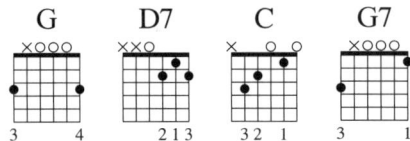

Verse

| G | | D7 | G | | D7 | |

Yankee Doodle went to town riding on a pony,

| G | G7 | C | | D7 | | G | | ||

Stuck a feather in his cap and called it maca - roni.

Chorus

| C | | | G | | |

Yankee Doodle keep it up, Yankee Doodle dandy.

| C | | | G | D7 | G | ||

Mind the music and the step, and with the girls be handy.